THÉOPHILE GAUTIER

LA CHAINE D'OR

ILLUSTRATIONS
DE
GEORGES ROCHEGROSSE

PARIS
A. FERROUD, LIBRAIRE-ÉDITEUR
127, BOULEVARD SAINT-GERMAIN

1896

N 61

Réserve
m. ?

LA
CHAINE D'OR

TIRAGE LIMITÉ A 200 EXEMPLAIRES

NUMÉROTÉS ET TIMBRÉS PAR LE CERCLE DE LA LIBRAIRIE
ET PORTANT SUR LE FAUX TITRE
LA SIGNATURE DE GEORGES ROCHEGROSSE

Georges Rochegrosse

Exemplaire réservé pour le Dépôt légal

PRÉFACE

I

Voici l'aventure de la *Chaîne d'or* telle qu'on la lit dans Athénée, livre XIII, chapitre LXVI.

« Une célèbre hétaïre fut aussi Plangôn la Milésienne. Sa beauté était si parfaite qu'un jeune homme de Kolophôn devint amoureux d'elle, bien qu'il eût pour maîtresse la Samienne Bacchis. Il la pressa de supplications. Mais Plangôn apprit la beauté de Bacchis, et voulut détourner le jeune homme de cet amour. Comme cela semblait impossible, elle exigea pour prix de sa faveur le collier de Bacchis, qui était très célèbre. L'amant enflammé jugea que Bacchis ne souffrirait pas de le voir périr. Et Bacchis eut pitié de sa passion et lui donna le joyau. Alors Plangôn, émue de voir que Bacchis n'était point jalouse, lui renvoya le collier et reçut le jeune homme dans ses bras. Et à partir de ce temps elles devinrent amies et choyèrent leur amant ensemble. Pleins d'admiration, les Ioniens, ainsi que le dit Ménétôr dans le *Livre des Offrandes*, donnèrent à Plangôn le nom de Pasiphilê. C'est elle qu'Archiloque [1] a citée dans ces vers :

> Figuier des roches becqueté par les volées de corneilles,
> Charmante accueilleuse d'étrangers, Pasiphilê.

Nous savons peu de chose sur Plangôn de Milet. Timoklès la nomme, déjà vieille, entre Nannion et Lykê. Anaxilas, un autre poète comique, l'invective dans *Neottis* :

> Il faut voir, pour commencer, d'abord Plangôn ;
> Semblable à la Chimère, elle incendie les barbares.
> Mais un seul chevalier lui a ôté la vie :
> Il a emporté tous ses meubles et a quitté sa maison.

L'aventure du chevalier n'est pas surprenante, si Plangôn l'avait aimé. Seulement il ne faut pas croire Anaxilas. Il n'avait aucune indulgence pour les hétaïres. A ses yeux Sinôpê, c'est l'Hydre ; Gnathaina, la Peste ; Phrynê, Kharybde ; et Nannion, Skylla ; elles sont toutes bien vieilles, et semblent des « sirènes épilées ». Tenons-nous-en plutôt au récit d'Athénée, où Plangôn est charmante. Plangôn devait être son surnom. C'est ainsi qu'on appelait des poupées de cire faites à l'image d'Aphrodite.

Il est plus aisé de deviner l'histoire de la Samienne Bacchis. Elle était joueuse de flûte et elle avait été esclave de la grande hétaïre Sinôpê. Affranchie et devenue riche, elle eut pour esclave Pythionikê, qui devint hétaïre à son tour, et ruina l'opulent Macédonien Harpale. Sinôpê

---

[1] Cet Archiloque ne peut pas être le célèbre auteur des *Iambes*, qui vivait au commencement du VIIe siècle — ou on doit comprendre que les Ioniens du temps de Plangôn lui appliquèrent un ancien distique.

tenait une espèce d'école d'hétaïres, à la manière d'Aspasie. Elle était Thrace et elle amena toutes ces femmes qu'elle avait instruites d'Egine à Athènes. Voilà ce que rapporte l'historien Théopompe dans une lettre qu'il écrivit au roi Alexandre. Sinôpê avait deux filles. L'une, Gnathaina, devint hétaïre aussi. L'autre (elle n'a pas laissé de nom) eut une fillette, Gnathainion, à qui sa tante servit de marraine et d'éducatrice. Il faut penser que Bacchis, tandis qu'elle était l'esclave de Sinôpê, fut la compagne de Gnathaina. Cette Gnathaina avait une grande réputation d'esprit. On a conservé beaucoup de ses bons mots. Elle fut l'amie du poète comique Diphile, rival de Ménandre et de Philémon. Ceci nous permet de fixer l'époque où vécurent Bacchis et Plangôn. Elles durent se connaître et s'aimer vers la fin du iv° siècle avant Jésus-Christ. On ne put conter leur histoire dans les soupers du temps de Périklès, et Alcibiade ne les vit point : elles naquirent seulement cent ans après.

Les histoires des courtisanes sont toutes pleines d'anecdotes sur Gnathaina. Car les courtisanes d'Athènes ont eu leurs poètes, leurs historiens et leurs peintres. D'abord elles donnèrent leur nom à des comédies : *Koriannô*, de Phérécrate ; *Thaïs* et *Phanion*, de Ménandre ; *Opôra*, d'Alexis. Ensuite Machon, de Sicyone, qui vécut à Alexandrie, composa sur elles des contes en vers. Machon fit jouer des pièces et fut le maître du grammairien Aristophane de Byzance. Ce grammairien, qui rythma les arguments des comédies de son grand homonyme, reçut sans doute de Machon l'idée d'écrire une histoire des hétaïres. Il recueillit les vies de cent trente-cinq d'entre elles ; mais Apollodore, Ammônios, Antiphane et Gorgias en ont nommé davantage — et on assure qu'ils en oublièrent. Aristophane de Byzance négligea de mentionner une fille qu'on appelait Paroinos, et qui buvait immodérément ; Euphrosynê, dont le père était foulon ; Theokleia la Corneille et Synoris la Lanterne, et la Grande, et Mouron, et le Petit Miracle, et Silence, et la Mèche, et la Lampe, et Torchon. Dans le livre d'Apollodore on trouve que deux sœurs, Stagònion et Anthis, étaient connues sous le nom de « loches », parce qu'elles étaient blanches, minces et qu'elles avaient de grands yeux. Antiphane nous apprend que Nannion était surnommée « Avant-scène » parce qu'elle portait des robes magnifiques et des bijoux splendides, mais qu'elle était laide quand elle se déshabillait. Un autre de leurs historiens n'a laissé que son nom : Kallistratos. Lyncée de Samos collectionna leurs traits d'esprit ; il parle de Kalliction, qu'on appelait « la pauvre Hélène », et de Leontion, qui fut la maîtresse d'Epicure. Les peintres des courtisanes furent Pausanias, Aristide et Nicophanês. La plupart de leurs tableaux étaient dans la galerie de Sicyone, où les vit le voyageur Polémòn. Sicyone était une cité de peintres, au milieu d'une terre boisée, fertile et charmante, sur la mer corinthienne, entourée de champs de courges et de pavots. Sitôt que les hétaïres se furent établies à Corinthe, leur légende dut venir se fixer près des lourdes fleurs du sommeil. Plus tard Machon en reçut les derniers échos, et les porta jusque dans Alexandrie. Et ce sont les *Chries* de Machon de Sicyone qui nous donnent la juste impression des courtisanes grecques.

Machon n'était pas un poète de talent. On se demande comment il put même réussir à nouer des intrigues de comédie. Ses vers sont fort loin d'égaler des pièces du même genre qui abondèrent en France et en Angleterre au siècle dernier. Mais ils ressemblent plutôt aux poésies un peu grossières de notre moyen âge ; le recueil des *Repues franches* en donnerait une assez bonne idée. Il faut avouer que les contes de Machon ne sont point délicats. Les plaisanteries y sont remplies d'équivoques et les quolibets des halles sont bien au-dessus de la bassesse d'une conversation entre Lamia et Démétrios de Phalère. Machon a choisi pour héroïne Gnathaina. C'est à elle qu'il attribue presque tous les mots qu'on trouvait spirituels. Ce sont en général des injures de filles. Il paraît que Diphile ne pouvait se passer de la société de Gnathaina, et de son côté elle semble avoir eu quelque sentiment pour lui. Les jours d'insuccès au théâtre, Diphile courait se faire consoler chez son amie. Mais, à en juger par les récits de Machon, elle ne lui apprenait pas la poésie, comme Aspasie avait enseigné la rhétorique à Périklès. Gnathaina, élevée avec l'esclave de sa mère, dut avoir sur Bacchis quelque influence. Nous devons donc nous résigner à voir dans Bacchis de Samos une femme un peu vulgaire. Ce n'est pas pour déprécier sa bonté. Au contraire, elle dut se sacrifier franchement à Plangôn comme une brave fille qui a le cœur sur la main. Mais on aurait tort d'évoquer, pour l'histoire de la Poupée et de cette joueuse de flûte les noms d'Aspasie, de Phrynê ou de Laïs. Il est vrai que ces grands noms sont bien enveloppés de fictions. Nous ne saurions oublier qu'elles furent les amies de Périklès, d'Hypéride, d'Aristippe, de Diogène et de Démosthène. Pourtant, à en croire Aristophane, la savante Aspasie entretenait dans sa maison non pas des hétaïres, mais des filles de condition plus vile, qu'il appelle *pornaï*. Epikratès, dans son *Anti-Laïs*, montrait une vieille courtisane devenue oisive et aimant à boire. Phryné fut vieille aussi, avec Plangôn et Gnathaina, au témoignage de Timoklès. Ce ne sont pas là des images gracieuses. Mais il est bien difficile d'avoir quelque certitude sur tout cela. En effet un scoliaste du *Plutus* et Athénée (XIII, LV) sont en contradiction avec Epikratès. Ils content la mort tragique de Laïs, encore jeune et belle. Laïs était née à Hykkares, en Sicile. Les uns disent qu'elle y fut prise, âgée de sept ans, pendant l'expédition de Nikias, et qu'un Corinthien l'acheta pour l'envoyer à sa femme ; d'autres, que sa mère Timandre fut donnée au poète dithyrambique Philoxène par Denys le Tyran, vint à Corinthe avec Philoxène et y fut célèbre, mais que Laïs devint plus fameuse qu'elle. On connaît d'ailleurs la vie de Laïs à Corinthe. Mais elle s'éprit d'un certain Euryloque, Aristonikos (ou Pausanias), et le suivit en Thessalie. D'autres Thessaliens devinrent amoureux d'elle : ils arrosaient de vin les marches de sa porte. Les femmes thessaliennes, jalouses, s'indignèrent. Le jour de la fête d'Aphrodite, où les hommes n'ont point accès au temple, elles se ruèrent sur Laïs et l'écrasèrent avec les escabeaux en bois du sanctuaire. Ainsi fut tuée, devant sa déesse, Laïs, qui avait introduit à Corinthe le service des hiérodoules, esclaves sacrées d'Aphrodite. On voit combien toutes ces aventures des courtisanes sont contradictoires et vagues. Il est malaisé de dégager nettement leur personnalité parmi tant de confusion. Cependant les récits de Machon doivent peindre assez exactement le genre de vie et l'esprit des femmes qui entouraient Gnathaina. Et nous ne risquons guère de nous tromper en pensant que Plangôn et Bacchis n'étaient point très différentes. C'étaient de jolies filles grossières, aux élans généreux, un peu bestiales sans doute, comme d'autres qui vivaient dans le même temps, Kallistô la Truie, Nikô la Chèvre, et Hippê la Jument.

II

Si Bacchis et Plangôn n'eurent pas l'esprit relevé, elles furent du moins capables d'abnégation et de tendresse. Elles en avaient eu de grands exemples. L'hétaïre Leaina, qui fut amoureuse d'Harmodios, se laissa mettre à la torture par les bourreaux d'Hippias, et se coupa la langue, dit-on, afin de ne pas déclarer le nom de son amant parmi ses cris de douleur. Mais il y a une femme mieux connue et dont l'histoire fait songer davantage à celle des deux hétaïres de Samos et de Milet. C'est Théodota, qui fut l'amie d'Alcibiade. Théodota était Athénienne, et elle connut Socrate. Xénophon nous fait là-dessus dans les *Mémorables* un précieux récit où il nous montre très bien ce qu'était une courtisane grecque de son temps. Quoique Plangôn et Bacchis aient vécu plus tard, elles ne durent pas être différentes. Le portrait de Théodota nous servira pour nous les représenter.

Ainsi qu'on l'a vu, la fille d'une hétaïre devenait souvent courtisane elle-même, aussi bien que les jeunes esclaves de la maison. Il y avait là une sorte de tradition qui dura près d'un siècle. L'origine de leurs mœurs était presque divine, et le souvenir religieux les maintint dans une caste assez uniforme. Diverses traditions prétendent que ce fut Solon qui les fit venir à Athènes. Mais auparavant elles se consacraient au service d'Aphrodite dans les cités ioniennes. On avait élevé des temples d'Aphrodite hétaïre à Magnésie, à Abydos, à Milet, à Ephèse, et on y célébrait annuellement sa fête. En Grèce ces fonctions sacrées furent établies d'abord à Corinthe où les hétaïres hiérodoules étaient des esclaves affranchies qui se vouaient au culte de la déesse. Voilà d'où vint sans doute la grande renommée des courtisanes corinthiennes. Quant à l'aspect religieux que les hétaïres conservèrent si longtemps, il devait être extrêmement ancien. Pythagore, qui fut l'initiateur d'un dogme, semble avoir admiré dès le vi[e] siècle les hiérodoules de Samos, où on adorait Aphrodite sous deux noms, « l'Aphrodite des roseaux » et « l'Aphrodite des marécages ». En effet, lorsqu'il fit à ses disciples le récit de ses métamorphoses passées, il prétendit qu'il avait été d'abord Euphorbe, puis Pyrandre, ensuite Kalliklée, mais que dans sa quatrième vie il était apparu sous la forme d'une courtisane au beau visage, nommée Alkè. Ces souvenirs sacrés donnèrent aux hétaïres un privilège qu'elles se transmettaient de mère en fille, d'éducatrice en esclave ; et à part les grandes amoureuses qui allumèrent les guerres ou qui troublèrent la République, il faut s'attendre à trouver chez la plupart d'entre elles les mêmes traits de caractère. Or la manière dont Bacchis vécut avec Plangòn et son amant de Kolophôn ressemble tout à fait à la vie que mena Théodota auprès d'Alcibiade et de Timandre.

Alcibiade eut toujours infiniment de goût pour les courtisanes. Le fameux rapt que firent les gens de Mégare de deux filles qui appartenaient à Aspasie n'était qu'une vengeance dont Alcibiade était la cause. Il avait fait enlever une courtisane de Mégare, nommée Simaitha. Mais il ne la garda pas longtemps. Au contraire la Sicilienne Timandre, mère de Laïs, ne le quitta plus, dès qu'il l'eut aimée. Une note très brève nous apprend qu'Alcibiade emmenait toujours avec lui Timandre et Théodota. Elles acceptèrent, comme Plangôn et Bacchis, un amour en commun. L'Athénienne et la Sicilienne sacrifièrent toute jalousie à leur amant. Mais la fin de leur histoire fut plus tragique que celle de la Milésienne et de la fille de Samos. Après la prise d'Athènes par Lysandre, Alcibiade, redoutant le gouvernement des Trente, se réfugia en Phrygie, où il se logea dans une maison du petit bourg de Mélissa. Il y vivait paisiblement entre Timandre et Theodota. Cependant Lysandre obtint de Pharnabase, satrape de Phrygie, la promesse qu'il ferait tuer Alcibiade. Une nuit des soldats barbares cernèrent la maison. Alcibiade rêvait, dans les bras de Timandre, qu'elle venait de lui passer une robe de femme, et qu'elle le coiffait et le fardait. Puis une odeur de fumée âcre l'éveilla. Les barbares avaient mis le feu aux quatre coins des murs. Alcibiade, à moitié nu, roula son manteau autour de son bras gauche, et se rua au milieu des assaillants, l'épée au poing. Ils n'osèrent approcher et l'abattirent à coups de flèche. Le corps gisait devant la maison fumante. Timandre et Théodota le soulevèrent, le lavèrent, le roulèrent dans un linceul et l'ensevelirent de leurs mains. Plutarque attribue cette action à Timandre ; Athénée à Théodota ; c'est la preuve qu'elles l'accomplirent toutes deux. Elles restèrent unies pour honorer leur amant mort. Il était dangereux de donner la sépulture à ceux qui étaient tués par ordre politique. Ces deux simples filles bravèrent le danger. On s'imagine volontiers qu'après de longues années d'amour, le jeune homme de Kolophòn fut couché dans son sarcophage entre les corps aimés de sa chère Bacchis et de sa chère Plangòn. Il n'y eut rien pour interrompre leur félicité jusqu'au jour où la Moïre les réclama. Tel ne fut pas le sort d'Alcibiade. Des mains tendres et chéries l'allongèrent seul dans sa tombe à Mélissa et on ne sait ce que devinrent Timandre et Théodota. Une statue en marbre de Paros marquait encore au temps d'Athénée, dans l'humble bourg de Phrygie, leur œuvre de pieux dévouement et d'amour sans jalousie.

Or cette Théodota, dont le dévouement passa la mort d'Alcibiade, n'était pas une fille d'intelligence ou d'esprit. Athénée dit que la forme de sa gorge était parfaite. Xénophon, qui l'avait vue, ne la décrit point, mais assure que sa beauté excédait toute expression, et que les peintres venaient la supplier de leur servir de modèle. C'est ainsi que la curiosité de Socrate fut excitée. Il voulut la voir. Il la trouva qui posait justement devant un peintre. Sa mère était assise près d'elle, fort convenablement habillée par ses soins, et il y avait de jolies servantes dans la chambre. La pauvre fille répondit à Socrate avec beaucoup de simplicité. Il lui demanda si elle avait des champs, des revenus ou des ouvrières. Théodota, surprise, dit que non. Alors Socrate la pria de lui expliquer de quoi elle payait son train de maison. « Quand je trouve un ami, dit bonnement Théodota, qui veut bien être gentil, voilà comment je vis. » Aussitôt Socrate lui démontra qu'il ne fallait point attendre qu'un ami vînt « au vol, comme une mouche », mais que son artifice devait s'appliquer à chasser les amis, à les faire tomber dans ses filets, à se refuser pour se faire désirer, à leur donner faim pour qu'ils eussent envie d'elle. « Quels artifices, disait Théodota, quelle chasse, quels filets, quelle faim ? » Elle ne comprenait rien à toutes ces subtilités. Elle crut que Socrate lui proposait de lui aider à trouver des amis. Elle l'en pria ingénument. Elle ne voyait pas qu'elle servait au philosophe de texte à apologue. « Veux-tu m'aider à chercher des amis ? » lui dit-elle. — « Si tu me le persuades, » répondit Socrate. — « Mais comment faire ? » — « Cherche, et tu trouveras. » Théodota réfléchit. Elle ne put imaginer d'autre réponse que celle dont elle avait une grande expérience. « Il faut venir souvent me voir, » lui dit-elle. — « Ah ! répondit Socrate, c'est que je ne suis pas très libre ; j'ai mes occupations, et puis les affaires publiques ; et puis j'ai des amies, moi aussi, qui ne me permettent de les quitter ni le jour, ni la nuit, parce que je leur apprends des philtres et des incantations. » Ici la bonne fille eut l'idée, à sa manière, de la science du philosophe. « C'est vrai, dit-elle, que tu connais ces choses, Socrate ? » — « Mais comment donc penses-tu que je m'y prendrais pour garder mon ami Apollodore ou Antisthène, ou pour faire venir de Thèbes Cébès et Simmias ? Sois sûre que je n'y parviens pas sans beaucoup de philtres et d'incantations et de torcols magiques. » — « Alors, prête-moi ton torcol magique pour que je t'attire. » — « Non, je ne veux pas être attiré, je veux que tu viennes me trouver. » — « Mais je viendrai bien, dit la simple Théodota : seulement me recevras-tu ? » — « Je te recevrai, dit Socrate, si je n'ai pas là dedans quelque amie plus chère. »

La pauvre Théodota dut être bien mystifiée. Elle crut assurément que Socrate avait chez lui une courtisane plus jolie qu'elle. Elle ne sut point que Socrate parlait de son âme. Et le railleur impitoyable n'essaya pas de la détromper. Quelquefois Socrate s'amusait à faire jaillir l'idée divine qu'il croyait innée aux plus ignorants. On voit dans le *Ménon* comment il prétendait avoir fait démontrer à un esclave qui ne savait rien le théorème du carré de l'hypoténuse. Mais il quitta la courtisane sans lui avoir révélé l'idée de l'amour. Peut-être il vit que c'était inutile. Théodota la connaissait par instinct bien mieux que Socrate par raison. Elle n'eut besoin d'aucun artifice pour rester fidèle à Alcibiade et à sa dépouille. Toutes les subtilités du moraliste n'auraient pu lui apprendre à rouler tendrement dans un linceul le corps sanglant de son ami. Elles n'auraient point appris davantage à Bacchis qu'il fallait sacrifier son beau collier d'or à une rivale pour que le jeune homme de Kolophôn ne mourût pas de douleur. Car Bacchis et Plangôn durent être semblables à Théodota. Elevées grossièrement, n'ayant pas l'esprit plus raffiné que cette simple fille, elles furent bonnes comme elle, et comprirent l'amour de même. Elles sont plus touchantes dans cette innocence que la savante politicienne Aspasie.

III

Plangôn était de Milet, son ami de Kolophôn, et Bacchis de Samos. L'histoire du collier est une histoire d'Ionie. Ce furent les Ioniens qui inventèrent le nom de Pasiphilê.

L'Ionie est un pays de merveilles. Tout notre trésor de contes a été pillé dans Milet. C'était une cité entourée de pins odorants et remplie de laine et de roses. Elle s'allongeait sur une des pointes de la baie de Latmos, en face de l'embouchure du Méandre. Les petites îles de Ladé, de Dromiskos et de Perné abritaient ses quatre ports. Les Milésiens vivaient dans le même luxe que les Sybarites, dont ils étaient les amis. Ils portaient des tuniques amorgines transparentes, des robes de lin couleur de violette, de pourpre et de crocos, des sarapides blanches et rouges, des robes d'Egypte qui avaient la nuance de l'hyacinthe, du feu et de la mer, et des calasiris de Perse toutes semées de grains d'or. Leurs couvertures, dit Théocrite, étaient plus molles que le sommeil. C'était là que des pêcheurs avaient tiré dans leur filet, sur la grève, le trépied d'or d'Apollon ; là aussi que les vierges, lasses de vivre, n'avaient cessé de se pendre jusqu'au jour où les magistrats ordonnèrent de les enterrer nues, la cordelette au cou ; là encore que les femmes, au témoignage d'un scoliaste de Lysistrata, usaient de spéciales débauches. Cité de voluptés, d'étoffes précieuses, de fleurs, de courtisanes et de légendes ! Sa trace est effacée de la terre ; de l'extrémité de Samos on ne voit plus ses maisons peintes, et la baie même de Latmos a disparu depuis que les alluvions ont changé le rivage.

Et, comme la cité parfumée de l'odeur des roses et des pins, la tendre histoire de Bacchis et de Plangôn aurait été effacée de la terre si Théophile Gautier ne l'eût amoureusement recueillie. Il la transplanta pour la faire refleurir ; il précisa les contours un peu frustes de ses personnages, et les éclaira de lumières magnifiques et vivantes. Il supposa que Plangôn quitta les rives fabuleuses de l'Ionie, comme Aspasie, qui, elle aussi, était née à Milet ; il en fit la contemporaine de Périklès et d'Alcibiade, un si délicat admirateur de la beauté du corps qu'il brisa la flûte de son maître de musique Antigenidas parce que la distorsion de la bouche du joueur lui semblait peu gracieuse. Il donna au jeune homme de Kolophôn le nom de Ctésias, et ne laissa sans doute Bacchis dans son île de Samos que pour faire voguer vers elle l'amant éploré sur la superbe trirème *l'Argo*. Il rendit le sacrifice de Bacchis plus grave en nous disant que son collier fameux était une grosse chaîne d'or, qui faisait toute sa fortune, et il inspira au cœur de Plangôn une délicieuse émotion où sa jalousie se fond pour consentir au partage de l'amour.

Comment Théophile Gautier eut-il l'envie d'écrire ce conte ? Nous ne le savons pas. M. le vicomte de Spoelberch de Lovenjoul a trouvé seulement la date de la première publication. La *Chaîne d'Or* parut en deux fois, dans la *Chronique de Paris*, le 28 mai et le 11 juin 1837. Elle fit partie, en 1839, du volume *Une Larme du Diable*; enfin, en 1845, Théophile Gautier la joignit à ses *Nouvelles*.

Elle reparaît aujourd'hui, savamment illustrée par Georges Rochegrosse. L'éditeur, M. Ferroud, a pensé avec raison que personne, mieux que ce jeune et brillant artiste, n'aurait su sertir le joyau de l'auteur d'*Emaux et Camées*. Les compositions de M. Rochegrosse ont un charme infini dans leur sveltesse frêle. De souples Athéniennes, étroitement drapées, y passent malicieusement, à l'ombre de leurs parasols, suivies des regards languides de jeunes efféminés, à la barbe frisée. On y voit Plangôn dansant avec ses amies sous de larges couronnes de fleurs, ou devant le riche miroir de sa toilette toute chargée de fioles embaumées. Amarrée au quai du port où les marchandises s'éparpillent le long d'un grand escalier en pierre blanche nue, la trirème *l'Argo*, prête à recevoir Ctésias, avance sa proue ornée d'une tête impassible de beauté. Et, dans un fin médaillon, comme par une fenêtre ronde ouverte sur un passé de vingt-cinq siècles, nous apercevons le jeune homme de Kolophòn qui se lamente aux pieds de la bonne Samienne dans une chambre tendue de tapisseries où courent des animaux aux formes roides. Tout cela est précieusement inscrit, grâce au procédé de l'habile M. Arents, et nuancé par les soins mêmes du peintre qui imagina les décors. Ainsi, M. Rochegrosse, par une divination d'art qui lui est familière, a rendu visibles pour tout le monde les couleurs sous lesquelles Théophile Gautier s'évoqua jadis à lui-même cet épisode de l'âge d'or des courtisanes.

MARCEL SCHWOB.

La Chaîne d'Or ou l'Amant Partagé

LANGON la Milésienne fut en son temps une des femmes les plus à la mode d'Athènes. Il n'était bruit que d'elle dans la ville ; pontifes, archontes, généraux, satrapes, petits-maîtres, jeunes patriciens, fils de famille, tout le monde en raffolait. Sa beauté, semblable à celle d'Hélène aimée de Pâris, excitait l'admiration et les désirs des vieillards moroses et regretteurs du temps passé. En effet, rien n'était plus beau que Plangon, et je ne sais pourquoi Vénus, qui fut jalouse de Psyché, ne l'a pas été de notre Milésienne. Peut-être les nombreuses couronnes de roses et de tilleul, les sacrifices de colombes et de moineaux, les libations de vin de Crète offerts par Plangon à la coquette déesse, ont-ils détourné son courroux et suspendu sa vengeance ; toujours est-il que personne n'eut de plus heureuses amours que Plangon la Milésienne, surnommée Pasiphile.

Le ciseau de Cléomène ou le pinceau d'Apelles, fils d'Euphranor, pourraient seuls donner une idée de l'exquise perfection des formes de Plangon. Qui dira la belle ligne ovale de son visage, son front bas et poli comme l'ivoire, son nez droit, sa bouche ronde et petite, son menton bombé, ses joues aux pommettes aplaties, ses yeux aux coins allongés qui brillaient comme deux astres jumeaux entre deux étroites paupières, sous un sourcil délicatement effilé à ses pointes ? A quoi comparer les ondes crespelées de ses cheveux, si ce n'est à l'or, roi des métaux, et au soleil, à l'heure où le poitrail de ses coursiers plonge déjà dans l'humide litière de l'Océan ? Quelle mortelle eut jamais des pieds aussi parfaits ? Thétis elle-même, à qui le vieux Mélésigène a donné l'épithète des pieds d'argent, ne pourrait soutenir la comparaison pour la petitesse et la blancheur. Ses bras étaient ronds et purs comme ceux d'Hébé, la déesse aux bras de neige ; la coupe dans laquelle Hébé sert l'ambroisie aux dieux avait servi de moule pour sa gorge, et les mains si vantées de l'Aurore ressemblaient, à côté des siennes, aux mains de quelque esclave employée à des travaux pénibles.

Après cette description, vous ne serez pas surpris que le seuil de Plangon fût plus adoré qu'un autel de la grande déesse ; toutes les nuits des amants plaintifs venaient huiler les jambages de la porte et les degrés de marbre avec les essences et les parfums les plus précieux ; ce n'étaient que guirlandes et couronnes tressées de bandelettes, rouleaux de papyrus et tablettes de cire avec des distiques, des élégies et des épigrammes. Il fallait tous les matins déblayer la porte pour l'ouvrir, comme l'on fait aux régions de la Scythie, quand la neige tombée la nuit a obstrué le seuil des maisons.

Plangon, dans toute cette foule, prenait les plus riches et les plus beaux, les plus beaux de préférence. Un archonte durait huit jours, un grand pontife quinze jours ; il fallait être roi, satrape ou tyran pour aller jusqu'au bout du mois. Leur fortune bue, elle les faisait jeter dehors par les épaules, aussi dénués et mal en point que des philosophes cyniques ; car Plangon, nous avons oublié de le dire, n'était ni une noble et chaste matrone, ni une jeune vierge dansant la bibase aux fêtes de Diane, mais tout simplement une esclave affranchie exerçant le métier d'*hétaïre*.

Depuis quelque temps Plangon paraissait moins dans les théories, les fêtes publiques et les promenades. Elle ne se livrait pas à la ruine des satrapes avec le même acharnement, et les dariques de Pharnabaze, d'Artaban et de Tissapherries s'étonnaient de rester dans les coffres de leurs maîtres. Plangon ne sortait plus que pour aller au bain, en litière fermée, soigneusement voilée, comme une honnête femme ; Plangon n'allait plus souper chez les jeunes débauchés et chanter des hymnes à Bacchus, le père de Joie, en s'accompagnant sur la lyre. Elle avait récemment refusé une invitation d'Alcibiade. L'alarme se répandait parmi

les merveilleux d'Athènes. Quoi! Plangon, la belle Plangon, notre amour, notre idole, la reine des orgies; Plangon qui danse si bien au son des crotales, et qui tord ses flancs lascifs avec tant de grâce et de volupté sous le feu des lampes de fête; Plangon, au sourire étincelant, à la repartie brusque et mordante; l'œil, la fleur, la perle des bonnes filles; Plangon de Milet, Plangon se range, n'a plus que trois amants à la fois, reste chez elle et devient vertueuse comme une femme laide! Par Hercule! c'est étrange, et voilà qui déroute toutes les conjectures! Qui donnera le ton? qui décidera de la mode? Dieux immortels! qui pourra jamais remplacer Plangon la jeune, Plangon la folle, Plangon la charmante?

Les beaux seigneurs d'Athènes se disaient cela en se promenant le long des Propylées, ou accoudés nonchalamment sur la balustrade de marbre de l'Acropole.

« Ce qui vous étonne, mes beaux seigneurs athéniens, mes précieux satrapes à la barbe frisée, est une chose toute simple ; c'est que vous ennuyez Plangon qui vous amuse ; elle est lasse de vous donner de l'amour et de la joie pour de l'or ; elle perd trop au marché ; Plangon ne veut plus de vous. Quand vous lui apporteriez les dariques et les talents à pleins boisseaux, sa porte serait sourde à vos supplications. Alcibiade, Axiochus, Callimaque, les plus élégants, les plus renommés de la ville, n'y feraient que blanchir. Si vous voulez des courtisanes, allez chez Archenassa, chez Flore ou chez Lamie. Plangon n'est plus une courtisane ; elle est amoureuse.

— Amoureuse ! Mais de qui ? Nous le saurions ; nous sommes toujours informés huit jours d'avance de l'état du cœur de ces dames. N'avons-nous pas la tête sur tous les oreillers, les coudes sur toutes les tables ?

— Mes chers seigneurs, ce n'est aucun de vous qu'elle aime, soyez-en sûrs ; elle vous connaît trop pour cela. Ce n'est pas vous, Cléon le dissipateur ; elle sait bien que vous n'avez de goût que pour les chiens de Laconie, les parasites, les joueurs de flûte, les eunuques, les nains et les perroquets des Indes ; ni vous, Hipparque, qui ne savez parler d'autre chose que de votre quadrige de chevaux blancs et des prix remportés par vos cochers aux jeux Olympiques ; Plangon se plaît fort peu à tous ces détails d'écurie qui vous charment si fort. Ce n'est pas vous non plus, Thrasylle l'efféminé ; la peinture dont vous vous teignez les sourcils, le fard qui vous plâtre les joues, l'huile et les essences dont vous vous inondez impitoyablement, tous ces onguents, toutes ces pommades qui font douter si votre figure est un ulcère ou une face humaine, ravissent médiocrement Plangon : elle n'est guère sensible à tous vos raffinements d'élégance, et c'est en vain que pour lui plaire vous semez votre barbe blonde de poudre d'or et de paillettes, que vous laissez démesurément pousser vos ongles, et que vous faites traîner jusqu'à terre les manches de votre robe à la persique. Ce n'est pas Timandre, le patrice à tournure de portefaix, ni Glaucion l'imbécile, qui ont ravi le cœur de Plangon. »

Aimables représentants de l'élégance et de l'atticisme d'Athènes, jeunes victorieux, charmants triomphateurs, je vous le jure, jamais vous n'avez été aimés de Plangon, et je vous certifie en outre que son amant n'est pas un athlète, un nain bossu, un philosophe ou un nègre, comme veut l'insinuer Axiochus.

Je comprends qu'il est douloureux de voir la plus belle fille d'Athènes vivre dans la retraite comme une vierge qui se prépare à l'initiation des mystères d'Éleusis, et qu'il est ennuyeux pour vous de ne plus aller dans cette maison, où vous passiez le temps d'une manière si agréable en jouant aux dés, aux osselets, en pariant l'un contre l'autre vos singes, vos maîtresses et vos maisons de campagne, vos grammairiens et vos poètes. Il était charmant de voir danser les sveltes Africaines avec leurs grêles cymbales, d'entendre un jeune esclave jouant de la flûte à deux tuyaux sur le mode ionien, couronnés de lierre, renversés mollement sur des lits à pieds d'ivoire, tout en buvant à petits coups du vin de Chypre rafraîchi dans la neige de l'Hymette.

Il plaît à Plangon la Milésienne de n'être plus une femme à la mode, elle a résolu de vivre un peu pour son compte ;

elle veut être gaie ou triste, debout ou couchée selon sa fantaisie. Elle ne vous a que trop donné de sa vie. Si elle pouvait vous reprendre les souri- res, les bons mots, les œillades, les baisers qu'elle vous a prodigués, l'insouciante hétaïre, elle le ferait ; l'éclat de ses yeux, la blancheur de ses épaules, la rondeur de ses bras, ce sujet ordinaire de vos conversations, que ne donnerait-elle pas pour en effacer le souvenir de votre mémoire ! comme ardemment elle a désiré vous être inconnue! qu'elle a envié le sort de ces pauvres filles obscures qui fleurissent timidement à l'ombre de leurs mères ! Plaignez-la, c'est son premier amour. Dès ce jour-là elle a compris la virginité et la pudeur.

Elle a renvoyé Pharnabaze, le grand satrape, quoiqu'elle ne lui eût encore dévoré qu'une province, et refusé tout net Cléarchus, un beau jeune homme qui venait d'hériter.

Toute la fashion athénienne est révoltée de cette vertu ignoble et monstrueuse. Axiochus demande ce que vont devenir les fils de famille et comment ils s'y prendront pour se ruiner : Alcibiade veut mettre le feu à la maison et enlever Plangon de vive force au dragon égoïste qui la garde pour lui seul, prétention exorbitante; Cléon appelle la colère de Vénus Pandémos sur son infidèle prêtresse ; Thrasylle est si désespéré qu'il ne se fait plus friser que deux fois par jour.

L'amant de Plangon est un jeune enfant si beau qu'on le prendrait pour Hyacinthe, l'ami d'Apollon : une grâce divine accompagne tous ses mouvements, comme le son d'une lyre ; ses cheveux noirs et bouclés roulent en ondes luisantes sur ses épaules lustrées et blanches comme le marbre de Paros, et pendent au long de sa charmante figure, pareils à des grappes de raisins mûrs ; une robe du plus fin lin s'arrange autour de sa taille en plis souples et légers; des bandelettes blanches, tramées de fil d'or, montent en se croisant autour de ses jambes rondes et polies, si belles, que Diane, la svelte chasseresse, les eût jalousées; le pouce de son pied, légèrement écarté des autres doigts, rappelle les pieds d'ivoire des dieux, qui n'ont jamais foulé que l'azur du ciel ou la laine floconneuse des nuages.

Il est accoudé sur le dos du fauteuil de Plangon. Plangon est à sa toilette ; des esclaves moresques passent dans sa

chevelure des peignes de buis finement denticulés, tandis que de jeunes enfants agenouillés lui polissent les talons avec de la pierre ponce, et brillantent ses ongles en les frottant à la dent de loup ; une draperie de laine blanche, jetée négligemment sur son beau corps, boit les dernières perles que la naïade du bain a laissées suspendues à ses bras. Des boîtes d'or, des coupes et des fioles d'argent ciselées par Callimaque et Myron, posées sur des tables de porphyre africain, contiennent tous les ustensiles nécessaires à sa toilette : les odeurs, les essences, les pommades, les fers à friser, les épingles, les poudres à épiler et les petits ciseaux d'or. Au milieu de la salle, un dauphin de bronze, chevauché par un cupidon, souffle à travers ses narines barbelées deux jets, l'un d'eau froide, l'autre d'eau chaude, dans deux bassins d'albâtre oriental, où les femmes de service vont alternativement tremper leurs blondes éponges. Par les fenêtres, dont un léger zéphyr fait voltiger les rideaux de pourpre, on aperçoit un ciel d'un bleu lapis et les cimes des grands lauriers-roses qui sont plantés au pied de la muraille.

Plangon, malgré les observations timides de ses femmes, au risque de renverser de fond en comble l'édifice déjà avancé de sa coiffure, se détourne de temps en temps et se penche en arrière pour embrasser l'enfant. C'est un groupe d'une grâce adorable, et qui appelle le ciseau du sculpteur.

Hélas ! hélas ! Plangon la belle, votre bonheur ne doit pas durer ; vous croyez donc que vos amies Archenassa, Thaïs, Flora et les autres souffriront que vous soyez heureuse en dépit d'elles ? Vous vous trompez, Plangon ; cet enfant que vous voudriez dérober à tous les regards et que vous tenez prisonnier dans votre amour, on fera tous les efforts possibles pour vous l'enlever. Par le Styx ! c'est insolent à vous, Plangon, d'avoir voulu être heureuse à votre manière et de donner à la ville le scandale d'une passion vraie.

Un esclave soulevant une portière de tapisserie s'avance timidement vers Plangon et lui chuchote à l'oreille que Lamie et Archenassa viennent lui rendre visite, et qu'il ne les précède que de quelques pas.

« Va-t'en, ami, dit Plangon à l'enfant ; je ne veux pas que ces femmes te voient ; je ne veux pas qu'on me vole rien de ta beauté, même la vue ; je souffre horriblement quand une femme te regarde. »

L'enfant obéit ; mais cependant il ne se retira pas si vite que Lamie, qui entrait au même moment avec Archenassa, lançant de côté son coup d'œil venimeux, n'eût le temps de le voir et de le reconnaître.

« Eh ! bonjour, ma belle colombe ; et cette chère santé, comment la menons-nous ? Mais vous avez l'air parfaitement bien portante ; qui donc disait que vous aviez fait une maladie qui vous avait défigurée, et que vous n'osiez plus sortir, tant vous étiez devenue laide ? dit Lamie en embrassant Plangon avec des démonstrations de joie exagérée.

— C'est Thrasylle qui a dit cela, fit Archenassa, et je vous engage à le punir en le rendant encore plus amoureux de vous qu'il ne l'est, et en ne lui accordant jamais la moindre faveur. Mais que vais-je vous dire? vous vivez dans la solitude comme un sage qui cherche le système du monde. Vous ne vous souciez plus des choses de la terre.

— Qui aurait dit que Plangon devînt jamais philosophe?

— Oh! oh! cela ne nous empêche guère de sacrifier à l'Amour et aux Grâces. Notre philosophie n'a pas de barbe, n'est-ce pas, Plangon? et je viens de l'apercevoir qui se dérobait par cette porte sous la forme d'un joli garçon. C'était, si je ne me trompe, Ctésias de Colophon. Tu sais ce que je veux dire, Lamie, l'amant de Bacchide de Samos. »

Plangon changea de couleur, s'appuya sur le dos de sa chaise d'ivoire, et s'évanouit.

Les deux amies se retirèrent en riant, satisfaites d'avoir laissé tomber dans le bonheur de Plangon un caillou qui en troublait pour longtemps la claire surface.

Aux cris des femmes éplorées et qui se hâtaient autour de leur maîtresse, Ctésias rentra dans la chambre, et son étonnement fut grand de trouver évanouie une femme qu'il venait de laisser souriante et joyeuse; il baigna ses tempes d'eau froide, lui frappa dans la paume des mains, lui brûla sous le nez une plume de faisan, et parvint enfin à lui faire ouvrir les yeux. Mais, aussitôt qu'elle l'aperçut, elle s'écria avec un geste de dégoût :

« Va-t'en, misérable, va-t'en, et que je ne te revoie jamais ! »

Ctésias, surpris au dernier point de si dures paroles, ne sachant à quoi les attribuer, se jeta à ses pieds, et, tenant ses genoux embrassés, lui demanda en quoi il avait pu lui déplaire.

Plangon, dont le visage de pâle était devenu pourpre, et dont les lèvres tremblaient de colère, se dégagea de l'étreinte passionnée de son amant, et lui répéta la cruelle injonction.

Voyant que Ctésias, abîmé dans sa douleur, ne changeait pas de posture et restait affaissé sur ses genoux, elle fit approcher deux esclaves scythes, colosses à cheveux roux et à prunelles glauques, et avec un geste impérieux : « Jetez-moi, dit-elle, cet homme à la porte. »

Les deux géants soulevèrent l'enfant sur leurs bras velus comme si c'eût été une plume, le portèrent par des couloirs obscurs jusqu'à l'enceinte extérieure, puis ils le posèrent délicatement sur ses pieds ; et quand Ctésias se retourna, il se trouva nez à nez avec une belle porte de cèdre semée de clous d'airain fort proprement taillés en pointe de diamant, et disposés de manière à former des symétries et des dessins.

L'étonnement de Ctésias avait fait place à la rage la plus violente ; il se lança contre la porte comme un fou ou comme une bête fauve ; mais il aurait fallu un bélier pour l'enfoncer, et sa blanche et délicate épaule, que faisait rougir un baiser de femme un peu trop ardemment

appliqué, fut bien vite meurtrie par les clous à six facettes et la dureté du cèdre ; force lui fut de renoncer à sa tentative.

La conduite de Plangon lui paraissait monstrueuse, et l'avait exaspéré au point qu'il poussait des rugissements comme une panthère blessée, et s'arrachait avec ses mains meurtries de grandes poignées de cheveux. Pleurez, Cupidon et Vénus ! Enfin, dans le dernier paroxysme de la rage, il ramassa des cailloux et les jeta contre la maison de l'hétaïre, les dirigeant surtout vers les ouvertures des fenêtres, en promettant en lui-même cent vaches noires aux dieux infernaux, si l'une de ces pierres rencontrait la tempe de Plangon.

Antéros avait traversé d'outre en outre son cœur avec une de ses flèches de plomb, et il haïssait plus que la mort celle qu'il avait tant aimée : effet ordinaire de l'injustice dans les cœurs généreux.

Cependant, voyant que la maison restait impassible et muette, et que les passants, étonnés de ces extravagances, commençaient à s'attrouper autour de lui, à lui tirer la langue et à lui faire les oreilles de lièvre, il s'éloigna à pas lents et se fut loger dans une petite chambrette, à peu de distance du palais de Plangon.

Il se jeta sur un mauvais grabat composé d'un matelas fort mince et d'une méchante couverture, et se mit à pleurer amèrement.

Mille résolutions plus déraisonnables les unes que les autres lui passèrent par la cervelle ; il voulait attendre Plangon au passage et la frapper de son poignard ; un instant il eut l'idée de retourner à Colophon, d'armer ses esclaves et de l'enlever de vive force après avoir mis le feu à son palais.

Après une nuit d'agitations passée sans que Morphée, ce pâle frère de la Mort, fût venu toucher ses paupières du bout de son caducée, il reconnut ceci, à savoir qu'il était plus amoureux que jamais de Plangon, et qu'il lui était impossible de vivre sans elle. Il avait beau s'interroger en tous sens, avec les délicatesses et les scrupules de la conscience la plus timorée, il ne se trouvait pas en faute et ne savait quoi se reprocher qui excusât la conduite de Plangon.

Depuis le jour où il l'avait connue, il était resté attaché à ses pas comme une ombre, n'avait été ni au bain, ni au gymnase, ni à la chasse, ni aux orgies nocturnes avec les jeunes gens de son âge ; ses yeux ne s'étaient pas arrêtés sur une femme, il n'avait vécu que pour son amour. Jamais vierge pure et sans tache n'avait été adorée comme Plangon l'hétaïre. A quoi donc attribuer ce revirement subit, ce changement si complet, opéré en si peu de temps ?

Venait-il de quelque perfidie d'Archenassa et de Lamie, ou du simple caprice de Plangon? Que pouvaient donc lui avoir dit ces femmes pour que l'amour le plus tendre se tournât en haine et en dégoût sans cause apparente? L'enfant se perdait dans un dédale de conjectures, et n'aboutissait à rien de satisfaisant. Mais dans tout ce chaos de pensées, au bout de tous ces carrefours et de ces chemins sans issues, s'élevait, comme une morne et pâle statue, cette idée : Il faut que Plangon me rende son amour ou que je me tue.

Plangon de son côté n'était pas moins malheureuse; l'intérêt de sa vie était détruit ; avec Ctésias son âme s'en était allée, elle avait éteint le soleil de son ciel ; tout autour d'elle lui semblait mort et obscur. Elle s'était informée de Bacchide, et elle avait appris que Ctésias l'avait aimée, éperdument aimée, pendant l'année qu'il était resté à Samos.

Elle croyait être la première aimée de Ctésias et avoir été son initiatrice aux doux mystères. Ce qui l'avait charmée dans cet enfant, c'était son innocence et sa pureté ; elle retrouvait en lui la virginale candeur qu'elle n'avait plus. Il était pour elle quelque chose de séparé, de chaste et de saint, un autel inconnu où elle répandait les parfums de son âme. Un mot avait détruit cette joie ; le charme était rompu, cela devenait un amour comme tous les autres, un amour vulgaire et banal ; ces charmants propos, ces divines et pudiques caresses qu'elle croyait inventées pour elle, tout cela avait déjà servi pour une autre ; ce n'était qu'un écho sans doute affaibli d'autres discours de même sorte, un manège convenu, un rôle de perroquet appris par cœur. Plangon était tombée du haut de la seule illusion qu'elle eût jamais eue, et comme une statue que l'on pousse du haut d'une colonne, elle s'était brisée dans sa chute. Dans sa colère elle avait mutilé une délicieuse figure d'Aphrodite, à qui elle avait fait bâtir un petit temple de marbre blanc au fond de son jardin, en souvenir de ses belles amours ; mais la déesse, touchée de son désespoir, ne lui en voulut pas de cette profanation, et ne lui infligea pas le châtiment qu'elle eût attiré de la part de toute autre divinité plus sévère.

Toutes les nuits Ctésias allait pleurer sur le seuil de Plangon, comme un chien fidèle qui a commis quelque faute et que le maître a chassé du logis et qui voudrait y rentrer ; il baisait cette dalle où Plangon avait posé son pied charmant. Il parlait à la porte et lui tenait les plus tendres discours pour l'attendrir ; éloquence perdue : la porte était sourde et muette.

Enfin il parvint à corrompre un des portiers et à s'introduire dans la maison ; il courut à la chambre de Plangon, qu'il trouva étendue sur son lit de repos, le visage mat et blanc, les bras morts et pendants, dans une attitude de découragement complet.

Cela lui donna quelque espoir ; il se dit : « Elle souffre, elle m'aime donc encore ? » Il s'avança vers elle et s'agenouilla à côté du lit. Plangon, qui ne l'avait pas entendu entrer, fit un geste de brusque surprise en le voyant, et se leva à demi comme pour sortir ; mais, ses forces la trahissant, elle se recoucha, ferma les yeux et ne donna plus signe d'existence.

« O ma vie ! ô mes belles amours ! que vous ai-je donc fait pour que vous me repoussiez ainsi ? » Et en disant cela Ctésias baisait ses bras froids et ses belles mains, qu'il inondait de tièdes larmes. Plangon le laissait faire, comme si elle n'eût pas daigné s'apercevoir de sa présence.

« Plangon ! ma chère, ma belle Plangon ! si vous ne voulez pas que je meure, rendez-moi vos bonnes grâces, aimez-moi comme autrefois. Je te jure, ô Plangon ! que je me tuerai à tes pieds si tu ne me relèves pas avec une douce parole, un sourire ou un baiser. Comment faut-il

acheter mon pardon, implacable ? Je suis riche ; je te donnerai des vases ciselés, des robes de pourpre teintes deux fois, des esclaves noirs et blancs, des colliers d'or, des unions de perles. Parle; comment puis-je expier une faute que je n'ai pas commise?
— Je ne veux rien de tout cela ; apporte-moi la

chaîne d'or de Bacchide de Samos, dit Plangon avec une amertume inexprimable, et je te rendrai mon amour. »

Ayant dit ces mots, elle se laissa glisser sur ses pieds, traversa la chambre et disparut derrière un rideau comme une blanche vision.

La chaîne de Bacchide la Samienne n'était pas, comme

l'on pourrait se l'imaginer, un simple collier faisant deux ou trois fois le tour du cou, et précieux par l'élégance et la perfection du travail ; c'était une véritable chaîne, aussi grosse que celle dont on attache les prisonniers condamnés au travail des mines, de plusieurs coudées de long et de l'or le plus pur.

Bacchide ajoutait tous les mois quelques anneaux à cette chaîne ; quand elle avait dépouillé quelque roi de l'Asie Mineure, quelque grand seigneur persan, quelque riche propriétaire athénien, elle faisait fondre l'or qu'elle en avait reçu et allongeait sa précieuse chaîne.

Cette chaîne doit servir à la faire vivre quand elle sera devenue vieille, et que les amants, effrayés d'une ride naissante, d'un cheveu blanc mêlé dans une noire tresse, iront porter leurs vœux et leurs sesterces chez quelque hétaïre moins célèbre, mais plus jeune et plus fraîche. Prévoyante fourmi, Bacchide, à travers sa folle vie de courtisane, tout en chantant comme les rauques cigales, pense que l'hiver doit venir et se ramasse des grains d'or pour la mauvaise saison. Elle sait bien que les amants, qui récitent aujourd'hui des vers hexamètres et pentamètres devant son portique, la feraient jeter dehors et pelauder à grand renfort de coups de fourche par leurs esclaves si, vieillie et courbée par la misère, elle allait supplier leur seuil et embrasser le coin de leur autel domestique. Mais avec sa chaîne, dont elle détachera tous les ans un certain nombre d'anneaux, elle vivra libre, obscure et paisible dans quelque bourg ignoré, et s'éteindra doucement, en laissant de quoi payer d'honorables funérailles et fonder quelque chapelle à Vénus protectrice. Telles étaient les sages précautions que Bacchide l'hétaïre avait cru devoir prendre contre la misère future et le dénûment des dernières années; car une courtisane n'a pas d'enfants, pas de parents, pas d'amis, rien qui se rattache à elle, et il faut en quelque sorte qu'elle se ferme les yeux à elle-même.

Demander la chaîne de Bacchide, c'était demander quelque chose d'aussi impossible que d'apporter la mer dans un crible; autant eût valu exiger une pomme d'or du jardin des Hespérides. La vindicative Plangon le savait bien; comment, en effet, penser que Bacchide pût se dessaisir, en faveur d'une rivale, du fruit des épargnes de toute sa vie, de son trésor unique, de sa seule ressource pour les temps contraires? Aussi était-ce bien un congé définitif que Plangon avait donné à notre enfant, et comptait-elle bien ne le revoir jamais.

Cependant Ctésias ne se consolait pas de la perte de Plangon. Toutes ses tentatives pour la rejoindre et lui parler avaient été inutiles, et il ne pouvait s'empêcher d'errer comme une ombre autour de la maison, malgré les quolibets dont les esclaves l'accablaient et les amphores d'eau sale qu'ils lui versaient sur la tête en manière de dérision.

Enfin il résolut de tenter un effort suprême; il descendit vers le Pirée et vit une trirème qui appareillait pour Samos; il appela le patron et lui demanda s'il ne pouvait le prendre à son bord. Le patron, touché de sa bonne mine et encore plus des trois pièces d'or qu'il lui glissa dans la main, accéda facilement à sa demande.

On leva l'ancre, les rameurs nus et frottés d'huile se courbèrent sur leurs bancs, et la nef s'ébranla.

C'était une belle nef nommée *l'Argo;* elle était construite en bois de cèdre, qui ne pourrit jamais. Le grand mât avait été taillé dans un pin du mont Ida; il portait deux grandes

voiles de lin d'Égypte; l'une carrée
et l'autre triangulaire ; toute
la coque était peinte à l'encaustique, et sur le bordage
on avait représenté au
vif des néréides et
des tritons jouant
ensemble. C'était
l'ouvrage d'un
peintre devenu
bien célèbre depuis, et qui avait
débuté par barbouiller des navires.

Les curieux venaient souvent examiner le bordage de l'*Argo* pour comparer les chefs-d'œuvre du maître à ses commencements; mais, quoique Ctésias fût un grand amateur de peinture et qu'il se plût à former des cabinets, il ne jeta pas seulement ses yeux sur les peintures de l'*Argo*. Il n'ignorait pourtant pas cette particularité, mais il n'avait plus de place dans le cerveau que pour une idée, et tout ce qui n'était pas Plangon n'existait pas pour lui.

L'eau bleue, coupée et blanchie par les rames, filait écumeuse sur les flancs polis de la trirème. Les silhouettes vaporeuses de quelques îles se dessinaient dans le lointain et fuyaient bien vite derrière le navire; le vent se leva, l'on haussa la voile, qui palpita incertaine quelques instants et finit par se gonfler et s'arrondir comme un sein plein de lait; les rameurs haletants se mirent à l'ombre sous leurs bancs, et il ne resta sur le pont que deux matelots, le pilote et Ctésias, qui était assis au pied du mât, tenant sous son bras une petite cassette où il y avait trois bourses d'or et deux poignards affilés tout de neuf, sa seule ressource et son dernier recours s'il ne réussissait pas dans sa tentative désespérée.

Voici ce que l'enfant voulait faire : il voulait aller se jeter aux pieds de Bacchide, baigner de larmes ses belles mains, et la supplier, par tous les dieux du ciel et de l'enfer, par l'amour qu'elle avait pour lui, par pitié pour sa vieille mère que sa mort pousserait au tombeau, par tout ce que l'éloquence de la passion pourrait évoquer de touchant et de persuasif, de lui donner la chaîne d'or que Plangon demandait comme une condition fatale de sa réconciliation avec lui.

Vous voyez bien que Ctésias de Colophon avait complètement perdu la tête. Cependant toute sa destinée pendait au fil fragile de cet espoir; cette tentative manquée, il ne lui restait plus qu'à ouvrir, avec le plus aigu de ses deux poignards, une bouche vermeille sur sa blanche poitrine pour le froid baiser de la Parque.

Pendant que l'enfant colophonien pensait à toutes ces choses, le navire filait toujours, de plus en plus rapide, et les derniers reflets du soleil couchant jouaient encore sur l'airain poli des boucliers suspendus à la poupe, lorsque le pilote cria : « Terre! terre! »

L'on était arrivé à Samos.

Dès que l'aurore blonde eut soulevé du doigt les rideaux de son lit couleur de safran, l'enfant se dirigea vers la demeure de Bacchide le plus lentement possible; car, singula-

rité piquante, il avait maudit la nuit trop lente et aurait été pousser lui-même les roues de son char sur la courbe du ciel, et maintenant il avait peur d'arriver, prenait le chemin le plus long et marchait à petits pas. C'est qu'il hésitait à perdre son dernier espoir et reculait au moment de trancher lui-même le nœud de sa destinée ; il savait qu'il n'avait plus que ce coup de dé à jouer ; il tenait le cornet à la main, et n'osait pas lancer sur la table le cube fatal.

Il arriva cependant, et, en touchant le seuil, il promit vingt génisses blanches aux cornes dorées à Mercure, dieu de l'éloquence, et cent couples de tourterelles à Vénus, qui change les cœurs.

Une ancienne esclave de Bacchide le reconnut.

« Quoi ! c'est vous, Ctésias ? Pourquoi la pâleur des morts

habite-t-elle sur votre visage ? Vos cheveux s'éparpillent en désordre; vos épaules ne sont plus frottées d'essence; le pli de votre manteau pend au hasard ; vos bras ni vos jambes ne sont plus épilés. Vous êtes négligé dans votre toilette comme le fils d'un paysan ou comme un poète lyrique. Dans quelle misère êtes-vous tombé ? Quel malheur vous est-il arrivé ? Vous étiez autrefois le modèle des élégants. Que les dieux me pardonnent ! votre tunique est déchirée à deux endroits.

— Ériphile, je ne suis pas misérable, je suis malheureux. Prends cette bourse, et fais-moi parler sur-le-champ à ta maîtresse. »

La vieille esclave, qui avait été nourrice de Bacchide, et à cause de cela jouissait de la faveur de pénétrer librement dans sa chambre à toute heure du jour, alla trouver sa maîtresse, et pria Ctésias de l'attendre à la même place.

« Eh bien, Ériphile ? dit Bacchide en la voyant entrer avec une mine compassée et ridée, pleine d'importance et de servilité à la fois.

— Quelqu'un qui vous a beaucoup aimée, demande à vous voir, et il est si impatient de jouir de l'éclat de vos yeux, qu'il m'a donné cette bourse pour hâter les négociations.

— Quelqu'un qui m'a beaucoup aimée ? fit Bacchide un peu émue. Bah ! ils disent tous cela. Il n'y a que Ctésias de Colophon qui m'ait véritablement aimée.

— Aussi est-ce le seigneur Ctésias de Colophon en personne.

— Ctésias, dis-tu ? Ctésias, mon bien-aimé Ctésias ! il est là qui demande à me voir ? Va, cours aussi vite que tes

jambes chancelantes pourront te le permettre, et amène-le sans plus tarder. »

Ériphile sortit avec plus de rapidité que l'on n'eût pu en attendre de son grand âge.

Bacchide de d'un genre de celui de est grande, faite ; elle les cheveux épanouie, le sou- le regard humide voix charmant, les bras nés par des mains d'une est d'un brun plein de feu et de vigueur, dorée de reflets blonds comme le cou de Cérès après la moisson ; sa gorge, fière et pure, soulève deux beaux plis à sa tunique de byssus. Plangon et Bacchide sont sans contredit les deux plus ravissantes hétaïres de toute la Grèce, et il faut convenir que Ctésias, lui qui a été amant de Bacchide et de Plangon, fut un mortel bien favorisé des dieux.

Samos est une beauté tout différent Plangon ; elle svelte, bien a les yeux et noirs, la bouche rire étincelant, et lustré, le son de ronds et forts, termi- délicatesse parfaite. Sa peau

Ériphile revint avec Ctésias. L'enfant s'avança jusqu'au petit lit de re- pos où Bac- chide était assise, les pieds sur un esca- beau d'ivoire. A la vue de ses anciennes amours, Ctésias sentit en lui-même un mouvement étrange ; un flot d'émotions violentes tourbillonna dans son cœur, et, faible comme il était, épuisé par les pleurs, les insomnies, le regret du passé et l'inquiétude de l'avenir, il ne put résister à cette épreuve, et tomba affaissé sur ses genoux, la tête renversée en arrière, les cheveux pendants, les yeux fermés, les bras dénoués comme si son esprit eût été visiter la demeure des mânes.

Bacchide effrayée souleva l'enfant dans ses bras avec l'aide de sa nourrice, et le posa sur son lit.

Quand Ctésias rouvrit les yeux, il sentit à son front la chaleur humide des lèvres de Bacchide, qui se penchait sur lui avec l'expression d'une tendresse inquiète.

— Comment te trouves-tu, ma chère âme? dit Bacchide, qui avait attribué l'évanouissement de Ctésias à la seule émotion de la revoir.

— O Bacchide! il faut que je meure, dit l'enfant d'une voix faible, en enlaçant le col de l'hétaïre avec ses bras amaigris.

— Mourir! enfant, et pourquoi donc? N'es-tu pas beau, n'es-tu pas jeune, n'es-tu pas aimé? Quelle femme, hélas! ne t'aimerait pas? A quel propos parler de mourir? C'est un mot qui ne va pas dans une aussi belle bouche. Quelle espérance t'a menti? quel malheur t'est-il donc arrivé? Ta mère est-elle morte? Cérès a-t-elle détourné ses yeux d'or de tes moissons? Bacchus a-t-il foulé d'un pied dédaigneux les grappes non encore mûres de tes coteaux? Cela est impossible; la Fortune, qui est une femme, ne peut avoir de rigueurs pour toi.

— Bacchide, toi seule peux me sauver, toi, la meilleure et la plus généreuse des femmes; mais non, je n'oserai jamais te le dire; c'est quelque chose de si insensé, que tu me prendrais pour un fou échappé d'Anticyre.

— Parle, enfant; toi que j'ai tant aimé, que j'aime tant encore, bien que tu m'aies trahie pour une autre (que Vénus vengeresse l'accable de son courroux!), que pourrais-tu donc me demander qui ne te soit accordé sur-le-champ, quand ce serait ma vie?

— Bacchide, il me faut ta chaîne d'or, dit Ctésias d'une voix à peine intelligible.

— Tu veux ma chaîne, enfant, et pourquoi faire? Est-ce pour cela que tu veux mourir? et que signifie ce sacrifice? répondit Bacchide surprise.

— Écoute, ô ma belle Bacchide! et sois bonne pour moi comme tu l'as toujours été. J'aime Plangon la Milésienne, je l'aime jusqu'à la frénésie, Bacchide. Un de ses regards vaut plus à mes yeux que l'or des rois, plus que le trône des dieux, plus que la vie; sans elle je meurs; il me la faut, elle est nécessaire à mon existence comme le sang de mes veines, comme la moelle de mes os; je ne puis respirer d'autre air que celui qui a passé sur ses lèvres. Pour moi tout est obscur où elle n'est pas; je n'ai d'autre soleil que ses yeux. Quelque magicienne de Thessalie m'a sans doute ensorcelé. Hélas! que dis-je? le seul charme magique, c'est sa beauté, qui n'a d'égale au monde que la tienne. Je la possédais, je la voyais tous les jours, je m'enivrais de sa présence adorée comme d'un nectar céleste; elle m'aimait comme tu m'as aimé, Bacchide; mais ce bonheur était trop grand pour durer. Les dieux furent jaloux de moi. Plangon m'a chassé de chez elle; j'y suis revenu à plat ventre comme un chien, et elle m'a encore chassé. Plangon, la flamme de ma vie, mon âme, mon bien, Plangon me hait, Plangon m'exècre; elle ferait passer les chevaux de son char sur mon corps couché en travers de sa porte. Ah ! je suis bien malheureux ! Ctésias, suffoqué par des sanglots, s'appuya contre l'épaule de Bacchide, et se mit à pleurer amèrement.

— Ah ! ce n'est pas moi qui aurais jamais eu le courage de te faire tant de chagrin, dit Bacchide en mêlant ses larmes à celles de son ancien amant ; mais que puis-je pour toi, mon pauvre désolé, et qu'ai-je de commun avec cette affreuse Plangon ?

— Je ne sais, reprit l'enfant,

qui lui a appris notre liaison; mais elle l'a sue. Ce doit être cette venimeuse Archenassa, qui cache sous ses paroles mielleuses un fiel plus âcre que celui des vipères et des aspics. Cette nouvelle a jeté Plangon dans un tel accès de rage, qu'elle n'a pas voulu seulement m'adresser la parole; elle est horriblement jalouse de toi, Bacchide, et t'en veut pour m'avoir aimé avant elle; elle se croyait la première dans mon cœur, et son orgueil blessé a tué son amour. Tout ce que j'ai pu faire pour l'attendrir a été inutile. Elle ne m'a jamais répondu que ces mots : « Apporte-moi la chaîne d'or de Bacchide de Samos, et je te rendrai mes bonnes grâces. Ne reviens pas sans elle, car je dirais à mes esclaves scythes de lancer sur toi mes molosses de Laconie, et je te ferais dévorer. » Voilà ce que répliquait à mes prières les plus vives, à mes adorations les plus prosternées, l'implacable Plangon. Moi, j'ai dit : Si je ne puis jouir de mes amours, comme autrefois, je me tuerai.

Et, en disant ces mots, l'enfant tira du pli de sa tunique un poignard à manche d'agate dont il fit mine de se frapper. Bacchide pâlit et lui saisit le bras au moment où la pointe effilée de la lame allait atteindre la peau douce et polie de l'enfant.

Elle lui desserra la main et jeta le poignard dans la mer, sur laquelle s'ouvrait la fenêtre de sa chambre; puis, entourant le corps de Ctésias avec ses beaux bras potelés, elle lui dit :

— Lumière de mes yeux, tu reverras ta Plangon; quoique ton récit m'ait fait bien souffrir, je te pardonne; Eros est plus fort que la volonté des simples mortels, et nul ne peut commander à son cœur. Je te donne ma chaîne, porte-la à ta maîtresse irritée; sois heureux avec elle, et pense quelquefois à Bacchide de Samos, que tu avais juré d'aimer toujours.

Ctésias, éperdu de tant de générosité, couvrit l'hétaïre de baisers, résolut de rester avec elle et de ne revoir jamais Plangon ; mais il sentit bientôt qu'il n'aurait pas la force d'accomplir ce sacrifice, et, quoiqu'il se taxât intérieurement de la plus noire ingratitude, il partit, emportant la chaîne de Bacchide Samienne.

Dès qu'il eut mis le pied sur le Pirée, il prit deux porteurs, et, sans se donner le temps de changer de vêtement, il courut chez l'hétaïre Plangon.

En le voyant, les esclaves scythes firent le geste de délier les chaînes de leurs chiens monstrueux ; mais Ctésias les apaisa en leur assurant qu'il apportait avec lui la fameuse chaîne d'or de Bacchide de Samos.

« Menez-moi à votre maîtresse, » dit Ctésias à une servante de Plangon.

La servante l'introduisit avec ses deux porteurs.

« Plangon, dit Ctésias du seuil de la porte en voyant que la Milésienne fronçait les sourcils, ne vous mettez pas en colère, ne faites pas le geste de me chasser ; j'ai rempli vos ordres, et je vous apporte la chaîne d'or de Bacchide Samienne. »

Il ouvrit le coffre et en tira avec effort la chaîne d'or, qui était prodigieusement longue et lourde. « Me ferez-vous encore manger par vos chiens et battre par vos Scythes, ingrate et cruelle Plangon ? »

Plangon se leva, fut à lui, et, le serrant étroitement sur sa poitrine : « Ah ! j'ai été méchante, dure, impitoyable ; je t'ai fait souffrir, mon cher cœur. Je ne sais comment je me punirai de tant de cruautés. Tu aimais Bacchide, et tu avais

raison, elle vaut mieux que moi. Ce qu'elle vient de faire, je n'aurais eu ni la force ni la générosité de le faire. C'est une grande âme, une grande âme dans un beau corps ! en effet, tu devais l'adorer ! » Et une légère rougeur, dernier éclair d'une jalousie qui s'éteignait, passa sur la figure de Plangon.

Dès ce jour, Ctésias, au comble de ses vœux, rentra en possession de ses privilèges, et continua à vivre avec Plangon, au grand désappointement de tous les merveilleux Athéniens. Plangon était charmante pour lui, et semblait prendre à tâche d'effacer jusqu'au souvenir de ses précédentes rigueurs. Elle ne parlait pas de Bacchide ; cependant elle avait l'air plus rêveur qu'à l'ordinaire et paraissait agiter dans sa cervelle un projet important.

Un matin, elle prit de petites tablettes de sycomore enduites d'une légère couche de cire, écrivit quelques lignes avec la pointe d'un stylet, appela un messager, et lui remit les tablettes, en lui disant de les porter le plus promptement possible à Samos, chez Bacchide l'hétaïre.

A quelques jours de là, Bacchide reçut, des mains du fidèle messager qui avait fait diligence, les petites tablettes de sycomore dans une boîte de bois précieux, où étaient enfermées deux unions de perles parfaitement rondes et du plus bel orient.

Voici ce que contenait la lettre :

« Plangon de Milet à Bacchide de Samos, salut.

« Tu as donné à Ctésias de Colophon la chaîne d'or qui est toute ta richesse, et cela pour satisfaire le caprice d'une rivale; cette action m'a tellement touchée, qu'elle a changé en amitié la haine que j'éprouvais pour toi. Tu m'as fait un présent bien splendide, je veux t'en faire un plus précieux encore. Tu aimes Ctésias; vends ta maison, viens à Athènes; mon palais sera le tien, mes esclaves t'obéiront, nous partagerons tout, je n'en excepte pas même Ctésias. Il est à toi autant qu'à moi; ni l'une ni l'autre nous ne pouvons vivre sans lui : vivons donc toutes deux avec lui. Porte-toi bien, et sois belle ; je t'attends. »

Un mois après, Bacchide de Samos entrait chez Plangon la Milésienne avec deux mulets chargés d'argent.

Plangon la baisa au front, la prit par la main et la mena à la chambre de Ctésias :

« Ctésias, dit-elle d'une voix douce comme un son de flûte, voilà une amie à vous que je vous amène. »

Ctésias se retourna; le plus grand étonnement se peignit sur ses traits à la vue de Bacchide.

« Eh bien! dit Plangon, c'est Bacchide de Samos; ne la reconnaissez-vous pas? Êtes-vous donc aussi oublieux que cela? Embrasse-la donc; on dirait que tu ne l'as jamais vue. » Et elle le poussa dans les bras de Bacchide avec un geste impérieux et mutin d'une grâce charmante.

On expliqua tout à Ctésias, qui fut ravi comme vous pensez, car il n'avait jamais cessé d'aimer Bacchide, et son souvenir l'empêchait d'être parfaitement heureux; si belles que fussent ses amours présentes, il ne pouvait s'empêcher de regretter ses amours passées, et l'idée de faire le malheur d'une femme si accomplie le rendait quelquefois triste au delà de toute expression.

Ctésias, Bacchide et Plangon vécurent ainsi dans l'union la plus parfaite, et menèrent dans leur palais une vie élyséenne digne d'être enviée par les dieux. Personne n'eût pu distinguer laquelle des deux amies préférait Ctésias, et il eût été aussi difficile de dire si Plangon l'aimait mieux que Bacchide, ou Bacchide que Plangon.

La statue d'Aphrodite fut replacée dans la chapelle du jardin, peinte et redorée à neuf. Les vingt génisses blanches à cornes dorées furent religieusement sacrifiées à Mercure, dieu de l'éloquence, et les cent couples de colombes à Vénus qui change les cœurs, selon le vœu fait par Ctésias.

Cette aventure fit du bruit, et les Grecs, émerveillés de la conduite de Plangon, joignirent à son nom celui de Pasiphile.

Voilà l'histoire de Plangon la Milésienne, comme on la contait dans les petits soupers d'Athènes au temps de Périclès. Excusez les fautes de l'auteur.

TABLE DES ILLUSTRATIONS

Pages.

Encadrement du titre.

Les beaux seigneurs d'Athènes se disaient cela en se promenant le long des Propylées, ou accoudés nonchalamment sur la balustrade. 21

Il fallait tous les matins déblayer la porte pour l'ouvrir (lettre ornée) 21

Il était charmant de voir danser les sveltes Africaines 24

Plangon est à sa toilette. 27

Les deux amies se retirèrent en riant 29

« Va-t'en, misérable, va-t'en, et que je ne te revoie jamais ! » . . 31

Il se lança contre la porte 33

Le patron, touché de sa bonne mine et encore plus des trois pièces d'or 35

« Quoi ! c'est vous, Ctésias ? » 38

Il ne put résister à cette épreuve, et tomba affaissé sur ses genoux. 41

« Je vous apporte la chaîne d'or de Bacchide Samienne » 43

Un matin, elle prit de petites tablettes de sycomore, écrivit quelques lignes 45

Un mois après, Bacchide de Samos entrait chez Plangon la Milésienne 48

La statue d'Aphrodite fut replacée dans la chapelle du jardin. . . 51

Voilà l'histoire de Plangon la Milésienne, comme on la contait dans les petits soupers d'Athènes. 54

IMPRIMÉ
PAR CHARLES HÉRISSEY D'ÉVREUX
Le vingt-deux février mil huit cent quatre-vingt-seize
POUR
LA LIBRAIRIE A. FERROUD
A PARIS

www.ingramcontent.com/pod-product-compliance
Lightning Source LLC
LaVergne TN
LVHW050636090426
835512LV00007B/880